AF359385

MÉTHODE JAQUES-DALCROZE

pour le développement de l'instinct rythmique, du
sens auditif et du sentiment tonal

EN CINQ PARTIES ◻ HUIT VOLUMES

MANUELS DES ELÈVES

Iʳᵉ PARTIE (2 volumes)

GYMNASTIQUE RYTHMIQUE

pour le développement de l'instinct rythmique et métrique
musical, du sens de l'harmonie plastique et de l'équilibre des
mouvements, et pour la régularisation des habitudes motrices

1ᵉʳ Volume:

Nᵒ 811. 84 Marches rythmiques pour chant seul qui ont été
composées spécialement pour l'enseignement de la gymnastique
rythmique . . . . Fr. 1.—

2ᵐᵉ Volume (en préparation).

IIIᵐᵉ PARTIE (3 volumes)

LES GAMMES ET LES TONALITÉS, LE PHRASÉ ET LES NUANCES

Nᵒ 1002. 1ᵉʳ Volume . . . . Fr. 1.50
Nᵒ 1044. 2ᵐᵉ Volume . . . . Fr. 1.50
Nᵒ . . . . . . 3ᵐᵉ Volume (en préparation) —

Pour les commandes, indiquer le numéro d'ordre.

SANDOZ, JOBIN & Cⁱᵉ, EDITEURS

NEUCHATEL et PARIS, 28, Rue de Bondy

Chez BREITKOPF & HÄRTEL, à LEIPZIG

MÉTHODE JAQUES-DALCROZE

3ᴹᴱ PARTIE

LES GAMMES
ET LES TONALITÉS

LE PHRASÉ
ET LES NUANCES

3 VOLUMES

MANUEL DES ELÈVES

DEUXIÈME VOLUME

PARIS ▫ NEUCHATEL ▫ LEIPZIG
SANDOZ, JOBIN & Cᴵᴱ, EDITEURS

Dicordes.

Exercice
à réaliser dans tous les tons.

*) *Page 8*

a) I – III – V – I || b) I – III – VI – VI – IV – VII ||

c) VII – III – II – V – II – VII || d) I – IV – VI – III – II – II – VII – VII ||

e) VII – II – VI – VII – III – IV – VI – VII || etc.

Les tricordes.

Exercices.

Page 12

Editeurs: Sandoz, Jobin & Cie,
Paris, Leipzig & Neuchâtel (Suisse).

J. & Co 1044.

Mélodies chiffrées
à chanter dans tous les tons.

Page 14

Première règle d'accentuation.

Page 15

e)

Mélodies chiffrées
à réaliser avec des tricordes majeurs.

Rythme du tricorde:

f)

g)

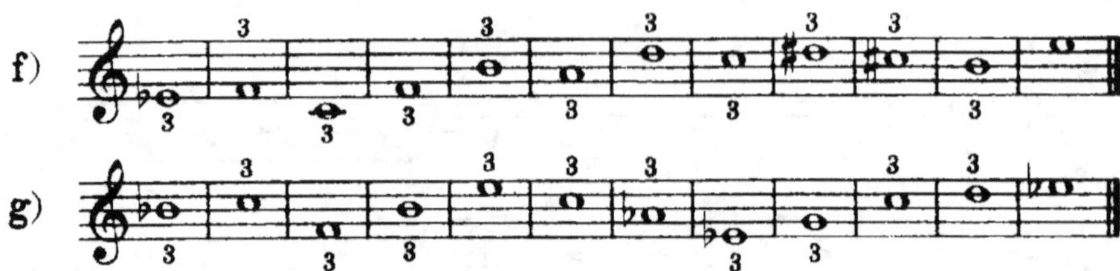

Mélodies chiffrées
à réaliser avec des tricordes mineurs.

Page 19

Les élèves chanteront comme note finale la tonique qui pourra suivre la dernière mesure.

Chaque note dépourvue d'accident devra être lue comme note *naturelle*.

a)

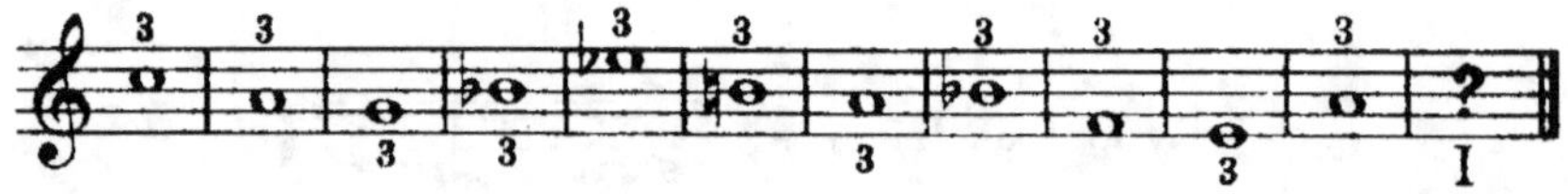

b)

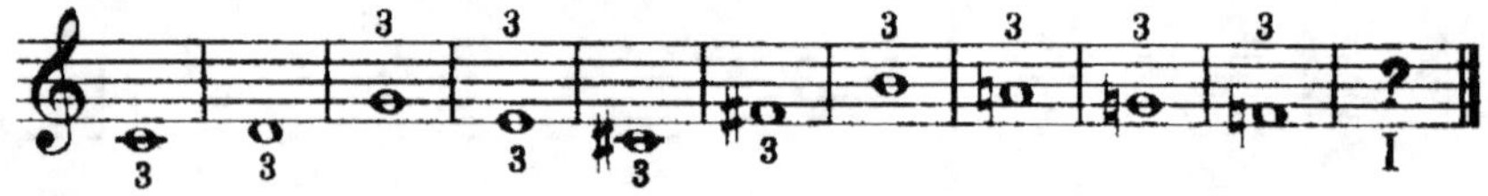

c)

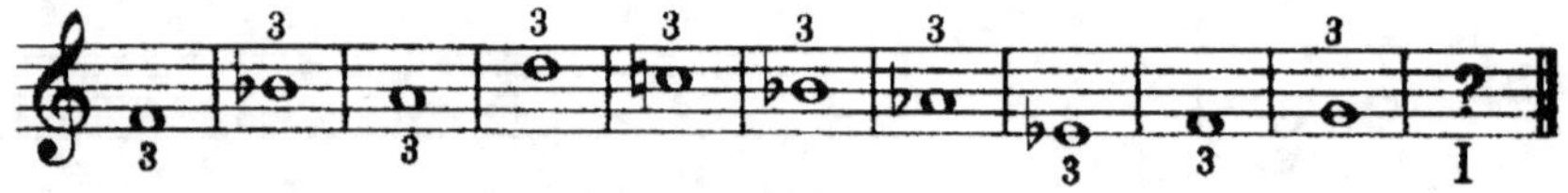

d)

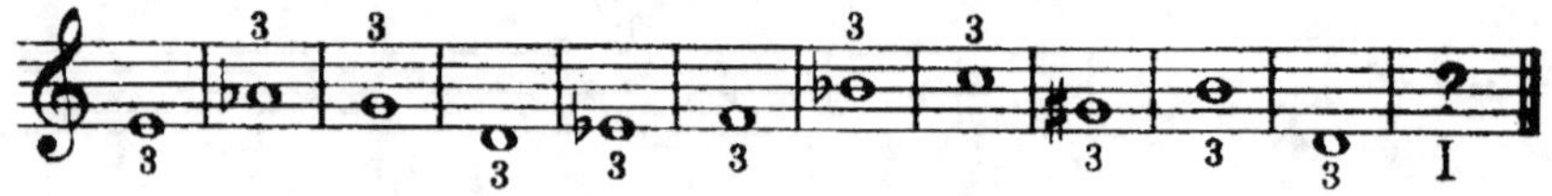

e)

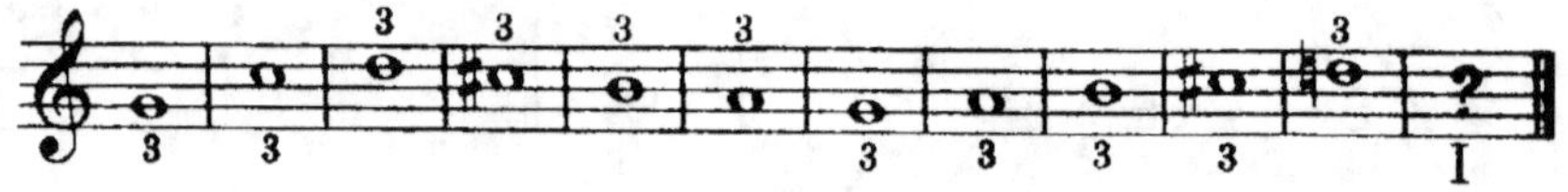

f)

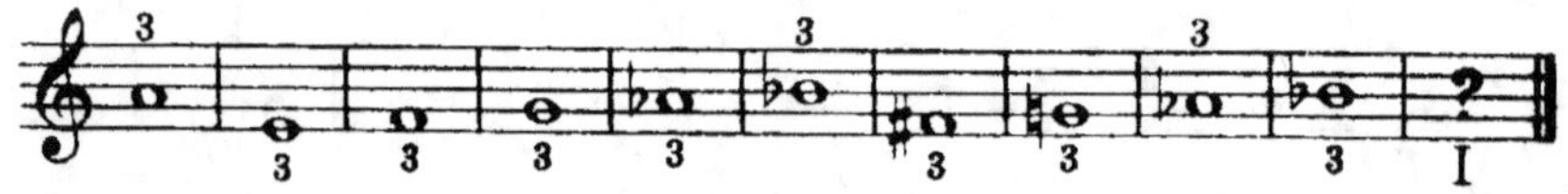

g)

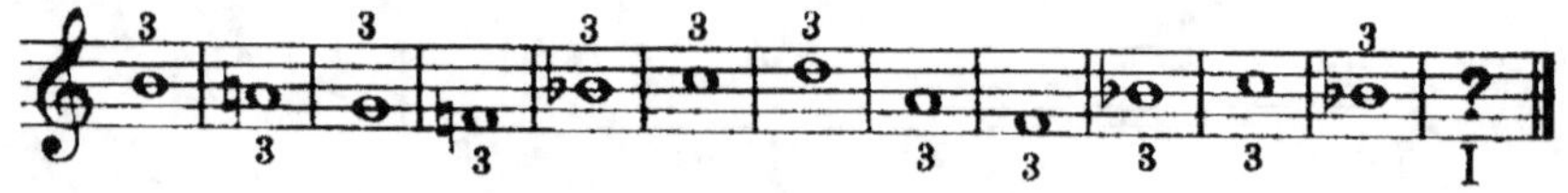

Enchaînements de tricordes
à réaliser dans tous les tons.

Page 22

a) $\overset{}{IV} - \underset{3}{V} - \overset{3}{I}$ ‖ **b)** $\underset{3}{V} - \underset{3}{I} - \overset{3}{IV}$ ‖ $\Big\}$ Après la succession

c) $\underset{3}{IV} - \overset{3}{V} - \underset{3}{I}$ ‖ **d)** $\overset{3}{V} - \overset{3}{I} - \underset{3}{IV}$ ‖   l'élève chante la tonique.

e) $\underset{3}{V} - \overset{3}{IV} - \overset{3}{I}$ ‖ **f)** $\overset{3}{I} - \underset{3}{IV} - \overset{3}{V}$ ‖

Comme l'exercice précédent.

Page 22

a) $\overset{3}{III} - \underset{3}{VI}$ ‖ **b)** $\overset{3}{VII} - \overset{3}{VI}$ ‖ **c)** $\underset{3}{VI} - \underset{3}{III}$ ‖ **d)** $\underset{3}{II} - \overset{3}{VI}$ ‖

e) $\overset{3}{VII} - \underset{3}{III}$ ‖ **f)** $\underset{3}{VI} - \overset{3}{II}$ ‖ **g)** $\underset{3}{III} - \underset{3}{II}$ ‖ **h)** $\underset{3}{II} - \overset{3}{VII}$ ‖ etc.

i) $\overset{3}{II} - \underset{3}{VI} - \overset{3}{VII}$ ‖ **j)** $\underset{3}{III} - \overset{3}{VII} - \underset{3}{II}$ ‖ **l)** $\overset{3}{III} - \overset{3}{VI} - \overset{3}{II}$ ‖ **m)** $\overset{3}{VII} - \underset{3}{III} - \overset{3}{VI}$ ‖

n) $\underset{3}{VI} - \overset{3}{II} - \overset{3}{III}$ ‖ **o)** $\underset{3}{VI} - \underset{3}{II} - \overset{3}{VII}$ ‖ **p)** $\underset{3}{VII} - \underset{3}{III} - \overset{3}{VI}$ ‖ **q)** $\underset{3}{VII} - \underset{3}{VI} - \overset{3}{II}$ ‖

r) $\overset{3}{III} - \underset{3}{VI} - \overset{3}{VII} - \underset{3}{II}$ ‖ **s)** $\underset{3}{III} - \underset{3}{II} - \overset{3}{VII} - \overset{3}{VI}$ ‖ **t)** $\overset{3}{III} - \underset{3}{VII} - \overset{3}{II} - \overset{3}{VI}$ ‖

u) $\underset{3}{VI} - \overset{3}{III} - \overset{3}{VII} - \overset{3}{II}$ ‖ **v)** $\overset{3}{VI} - \overset{3}{II} - \overset{3}{VII} - \overset{3}{III}$ ‖ **x)** $\overset{3}{II} - \overset{3}{VII} - \underset{3}{III} - \overset{3}{VI}$ ‖

y) $\overset{3}{II} - \overset{3}{VI} - \overset{3}{VII} - \underset{3}{III}$ ‖ **z)** $\underset{3}{VII} - \underset{3}{VI} - \overset{3}{III} - \overset{3}{II}$ ‖

Comme l'exercice précédent.

Page 23

a) $\underset{3}{I} - \overset{3}{II} - \overset{3}{VII} - \underset{3}{VI}$ ‖ **b)** $\overset{3}{VI} - \underset{3}{IV} - \underset{3}{II} - \overset{3}{V}$ ‖ **c)** $\overset{3}{VII} - \underset{3}{III} -$

$\overset{3}{VI} - \underset{3}{II}$ ‖ **d)** $\overset{3}{III} - \overset{3}{VII} - \overset{3}{I} - \underset{3}{VI}$ ‖ **e)** $\overset{3}{VI} - \underset{3}{IV} - \underset{3}{II} - \underset{3}{I}$ ‖

f) $\underset{3}{IV} - \underset{3}{III} - \underset{3}{II} - \overset{3}{VII}$ ‖ **g)** $\overset{3}{V} - \underset{3}{II} - \overset{3}{VI} - \underset{3}{IV}$ ‖ **h)** $\underset{3}{III} - \underset{3}{I} -$

$\underset{3}{V} - \underset{3}{III}$ ‖ **i)** $\underset{3}{II} - \underset{3}{VI} - \overset{3}{IV} - \overset{3}{III}$ ‖ **j)** $\overset{3}{VI} - \overset{3}{IV} - \underset{3}{II} - \underset{3}{I}$ ‖

k) $\overset{3}{I} - \underset{3}{VI} - \underset{3}{III} - \overset{3}{VII}$ ‖ **l)** $\underset{3}{II} - \underset{3}{I} - \overset{3}{V} - \underset{3}{III}$ ‖ **m)** $\overset{3}{III} - \overset{3}{VI} - \overset{3}{IV} - \overset{3}{I}$ ‖

Règle de phrasé.

Exercices d'improvisation avec les tricordes.

Formules rythmiques.

Page 25

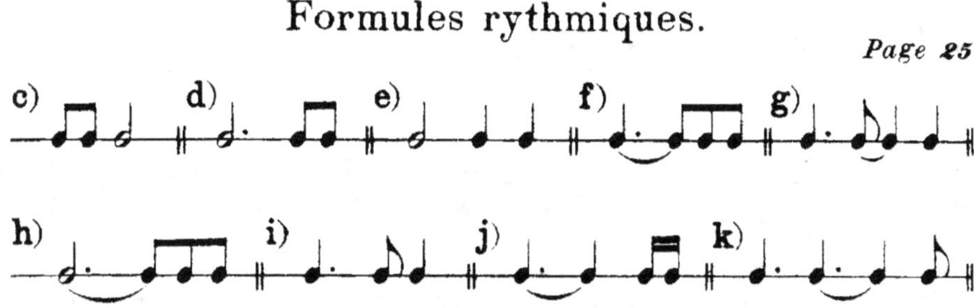

Phrases de deux mesures à compléter.

Page 25

Phrases de quatre mesures à compléter.

Page 26

Formules rythmiques.

Page 27

Deuxième règle d'accentuation.

Page 31

a)

b)

c)

d)

Exercices préparatoires
aux exercices de demi-tons chromatiques ascendants.

Page 35

Exercices préparatoires
aux exercices de demi-tons chromatiques descendants.

Page 39

Huitième règle de phrasé.

Page 43

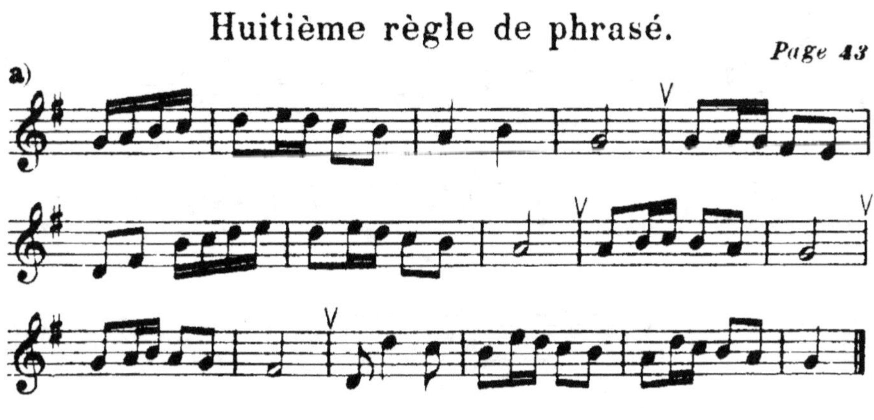

b)
c)
d)

Tricordes chromatiques.

Page 45

Les tétracordes.

Page 46

2
3
4
J. & Cᵒ 1044.

Mélodies chiffrées
à chanter dans tous les tons.

Page 48

Enchaînements de tétracordes
à réaliser dans tous les tons.

Page 56

a) I – VI – V ‖ **b)** II – V – III – I ‖ **c)** V – II – III ‖

d) VII – VI – III – II ‖ **e)** III – VI – I – V ‖ **f)** V – II – III – V ‖

g) VI – II – VII – I ‖ **h)** II – VII – V – VI ‖ **i)** IV – III – VI – V ‖

j) V – VI – II – VII ‖ **k)** VII – III – V – VI ‖ **l)** I – III – VI – II ‖

Mélodies chiffrées.

Page 58

Mélodies chiffrées tonales
avec combinaison de tricordes et de tétracordes.

Page 59

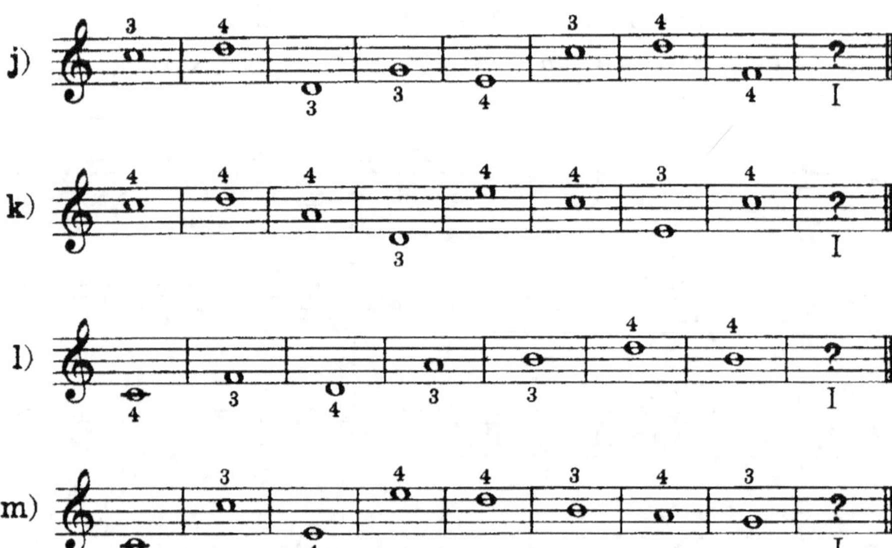

Enchaînements mixtes de tétracordes
à chanter dans tous les tons.

Page 60

a) I – III – IV ‖ **b)** IV – VII – I – VI ‖ **o)** V – III – II – IV ‖

d) VI – II – IV ‖ **e)** II – III – VI – IV ‖ **f)** VII – VI – II – V ‖

g) III – IV – V – II ‖ **h)** VII – IV – III – V ‖ **i)** VI – IV – VII – III ‖

j) II – IV – I – VI ‖ **k)** III – IV – VII – II ‖ **l)** I – III – IV – V ‖

m) V – IV – I – VI ‖ **n)** VI – II – III – IV ‖ **o)** III – VI – III – IV ‖

Exercices d'improvisation avec les tétracordes.

Formules rythmiques.

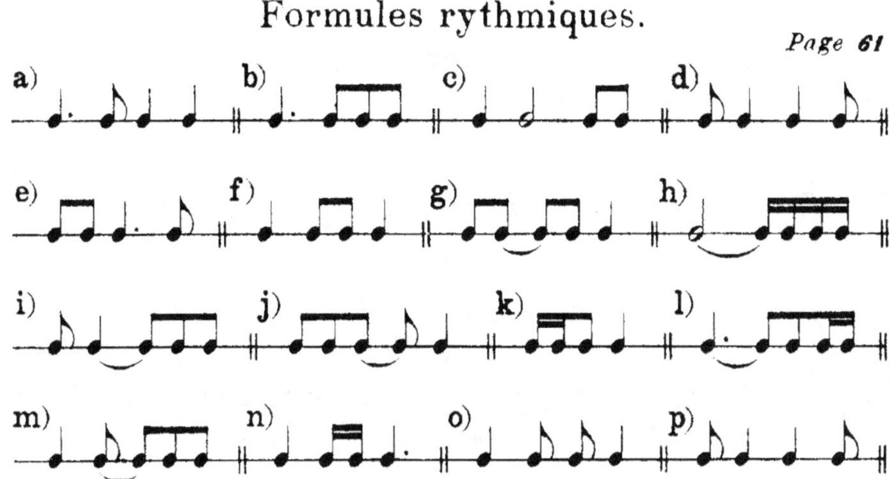

Phrases de deux mesures à compléter.

f)

g)

h)

Phrases de quatre mesures à compléter.

Page 63

a)
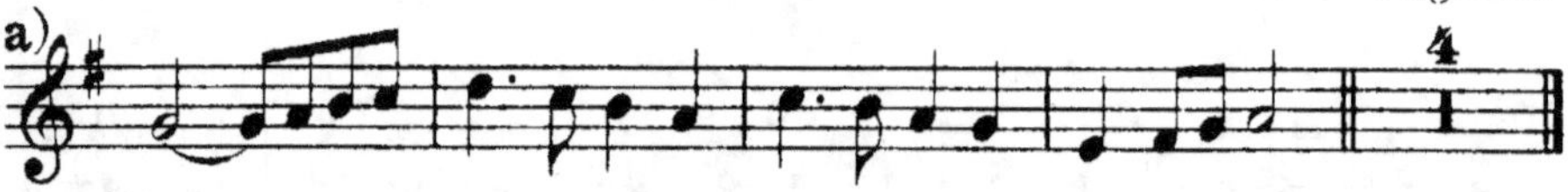

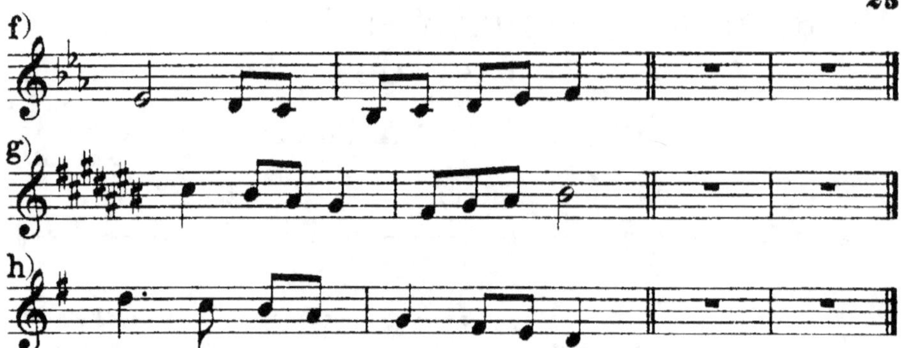

b)
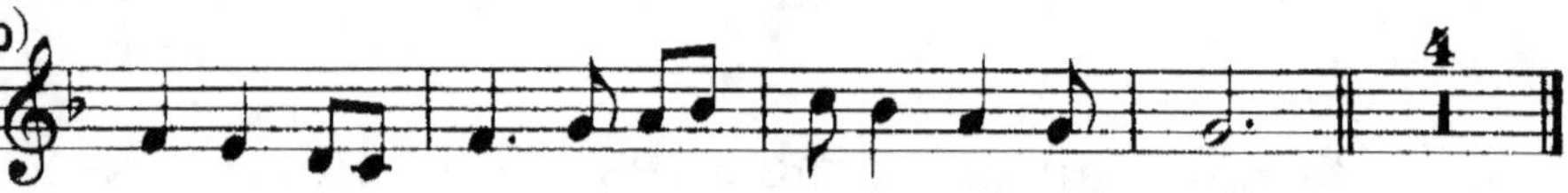

c)
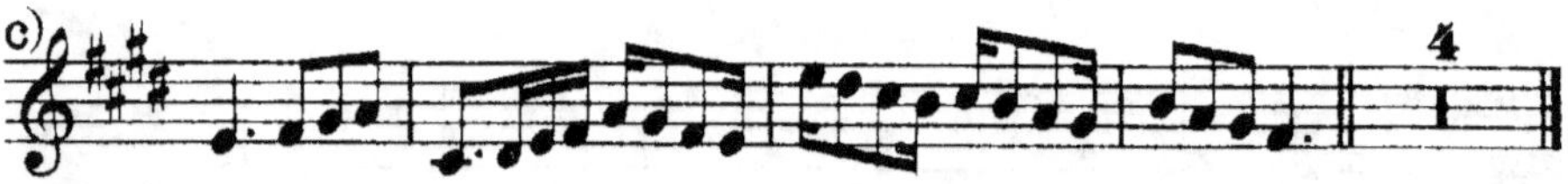

d)
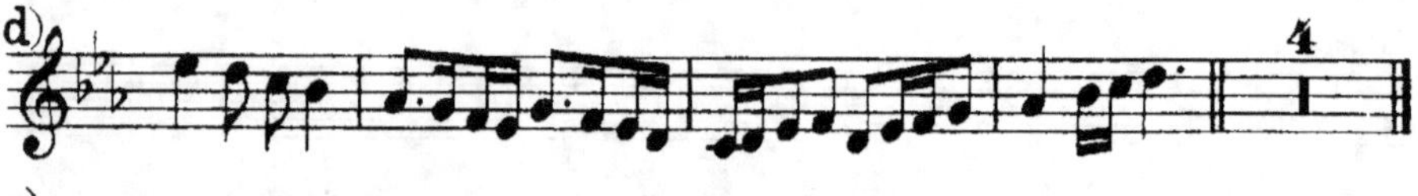

e)
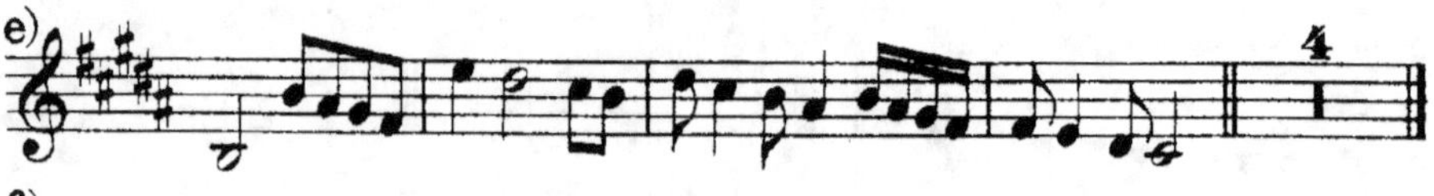

f)
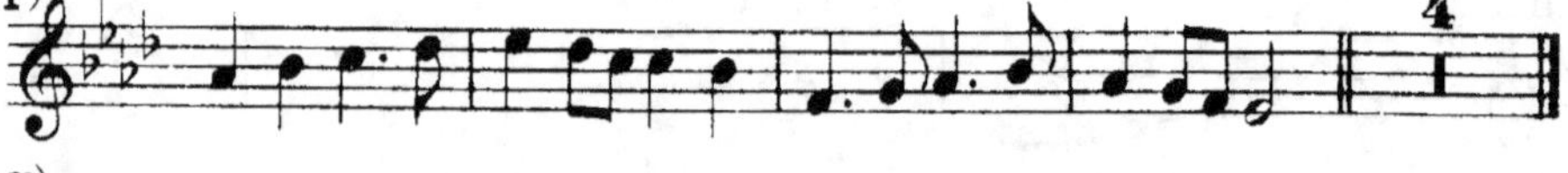

g)
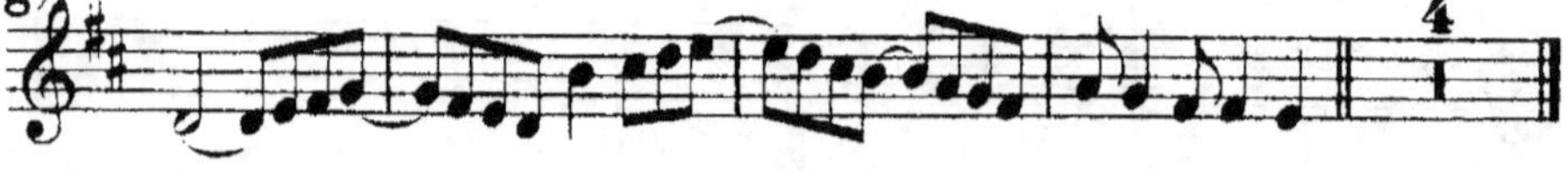

Formules rythmiques.

Page 64

Troisième règle d'accentuation.

Page 65

Formules rythmiques.

Tétracordes chromatiques.

Page 71

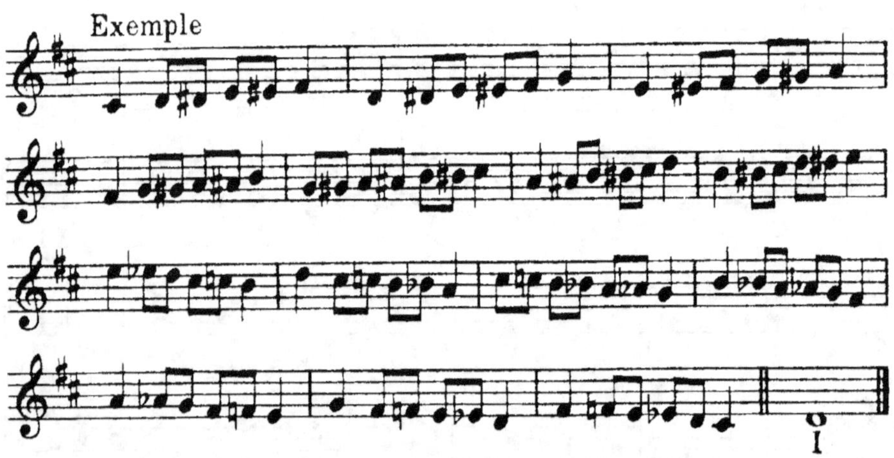

Les Pentacordes.

Page 78

a) I – IV – II – V – I ‖ b) I – III – VI – II – VII – I ‖

c) I – VI – II – V – VII – I ‖ d) I – IV – VII – III – V – I ‖

e) I – III – VI – II – IV – VII – III – V – I ‖

f) I – VI – II – VII – V – III – I ‖etc.

Mélodies chiffrées
à réaliser dans tous les tons.

Page 79

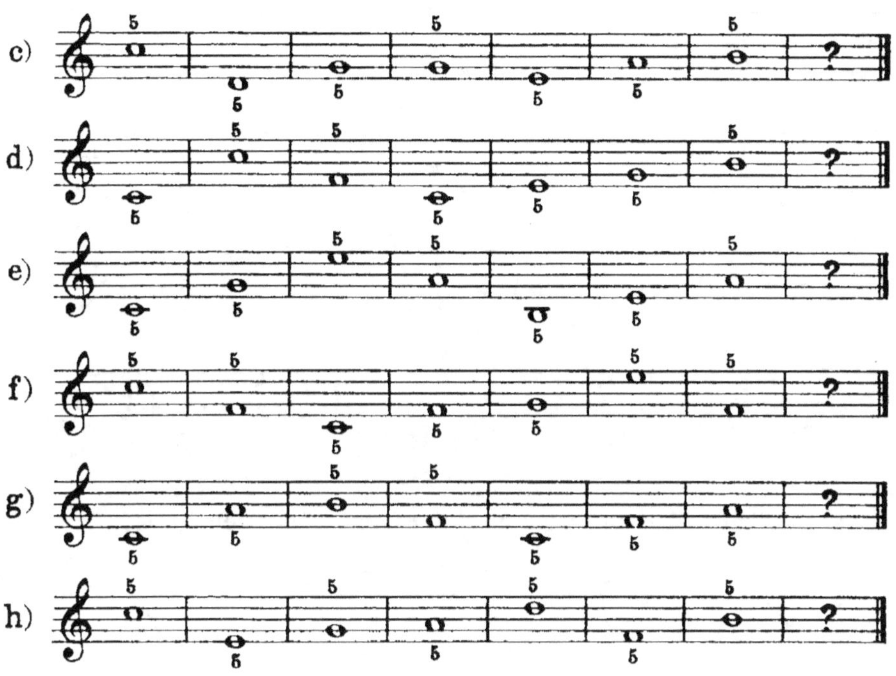

Mélodies chiffrées.

a) A réaliser avec le I ou V ensuite avec le IV:
(rythme:)

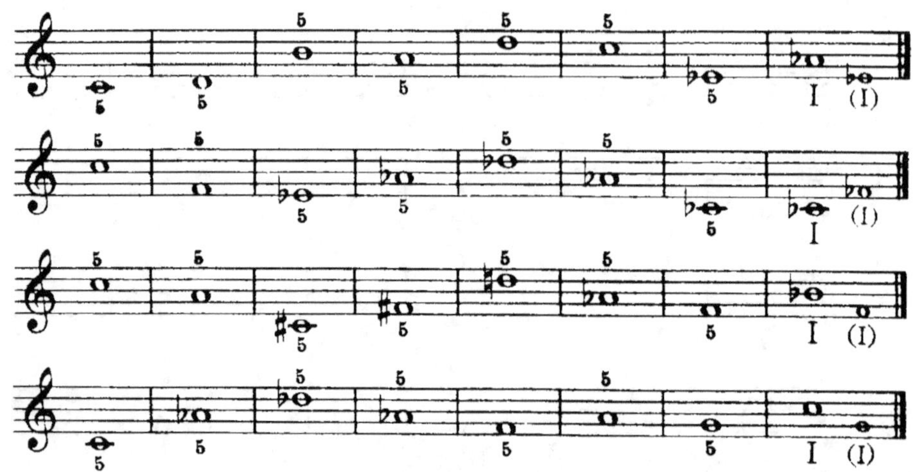

b) A réaliser avec le II ou VI et ensuite avec le III:

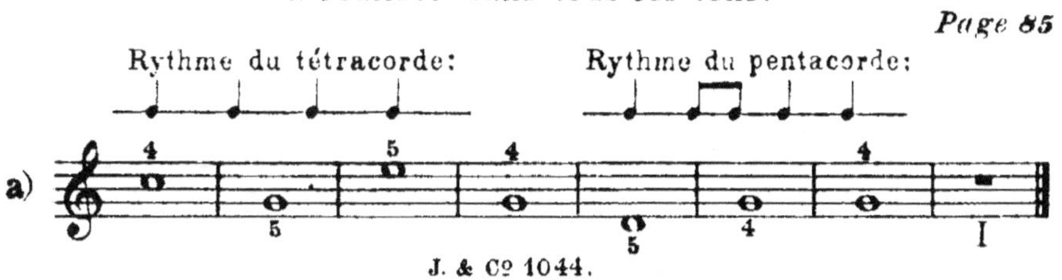

 c) A réaliser avec le $\overset{5}{\text{VII}}$.

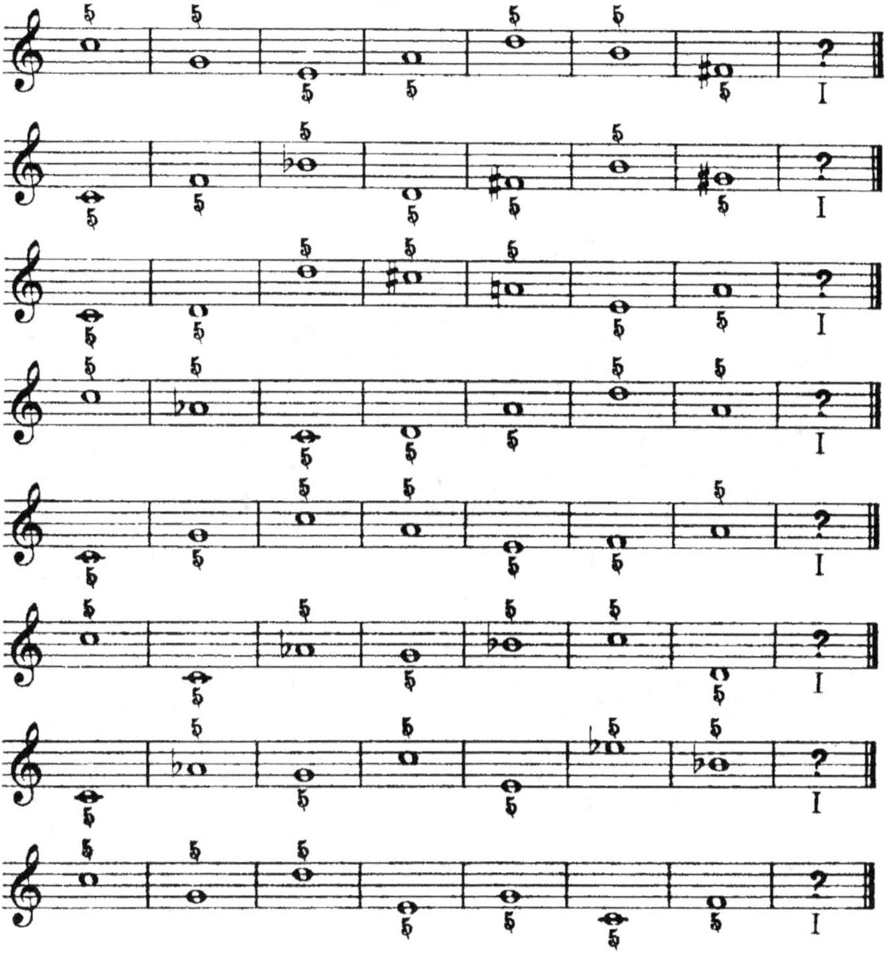

Mélodies chiffrées

avec combinaison de tétracordes et pentacordes à réaliser dans tous les tons.

Page 85

Rythme du tétracorde:

Rythme du pentacorde:

a)

b)
c)
d)
e)
f)
g)
h)
i)
j)
k)
l)
m)

Mélodies chiffrées

avec combinaison de tricordes, tétracordes et pentacordes
à réaliser dans tous les tons.

Page 87

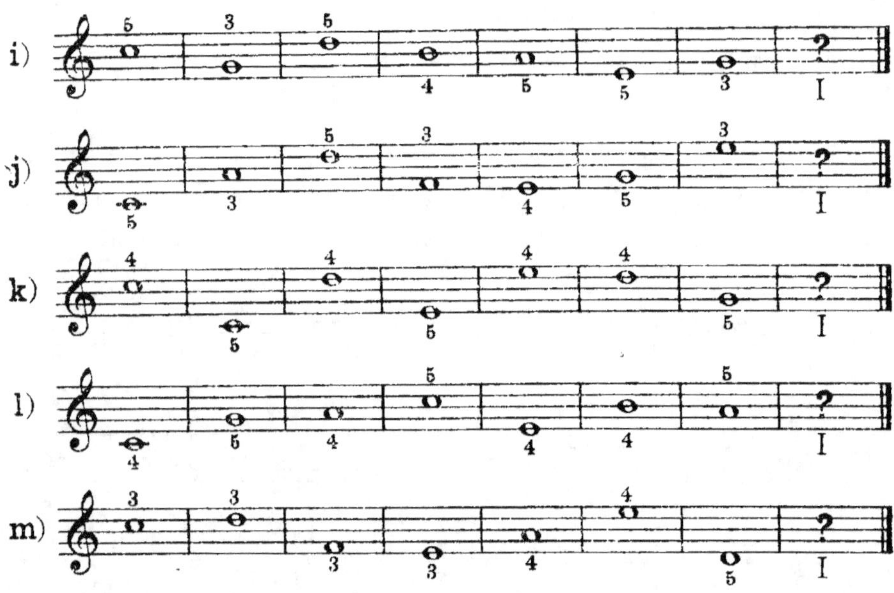

Quatrième règle d'accentuation.

c)
d)
e)

Pentacordes chromatiques.

Exemple. *Page 98*

Règle de phrasé.

Page 98

Les hexacordes.

Page 116

a) $\overset{6}{V} - I\overset{6}{I}I - \overset{6}{V}I - \overset{6}{I}I$ ‖   **b)** $I\overset{6}{I}I - IV - \overset{6}{I} - \overset{6}{V}II$ ‖

c) $I\overset{6}{V} - \overset{6}{V}I - I\overset{6}{I}I - \overset{6}{V} - IV - \overset{6}{I}I$ ‖   **d)** $\overset{6}{V}II - I\overset{6}{I}I - I\overset{6}{V} - \overset{6}{I} - \overset{6}{V}I - \overset{6}{V}II$ ‖

e) $I\overset{6}{I}I - \overset{6}{V}I - \overset{6}{V} - \overset{6}{I} - \overset{6}{I}I$ ‖   **f)** $\overset{6}{I} - \overset{6}{V}I - \overset{6}{V}II - I\overset{6}{I}I - I\overset{6}{V} - \overset{6}{V}I - I\overset{6}{I}I - \overset{6}{I}I$ ‖

g) $\overset{6}{V} - I\overset{6}{I}I - I\overset{6}{V} - \overset{6}{I} - \overset{6}{V}II - I\overset{6}{I}I - I\overset{6}{V} - \overset{6}{V}$ ‖

h) $I\overset{6}{V} - I\overset{6}{I}I - \overset{6}{V}I - I\overset{6}{V} - \overset{6}{I} - \overset{6}{V}II$ ‖ etc.

Mélodies chiffrées
à réaliser dans tous les tons.

Page 117

Mélodies chiffrées.

a) à réaliser avec le I ou le V, puis avec le IV et ensuite avec le II.

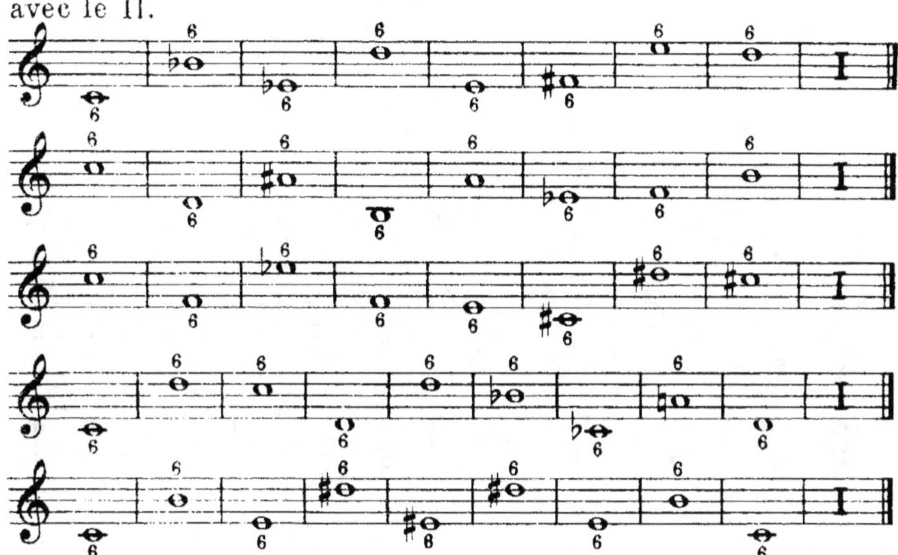

Mélodies chiffrées.

b) à réaliser avec le III, puis avec le VI et ensuite avec le VII.

Mélodies chiffrées
avec combinaison de pentacordes et d'hexacordes
à réaliser dans tous les tons.

Page 124

j)

k)

l)

m)

n)

o)

p)

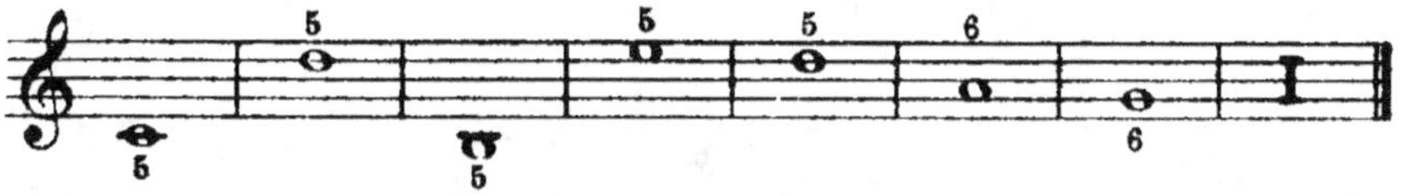

Mélodies chiffrées

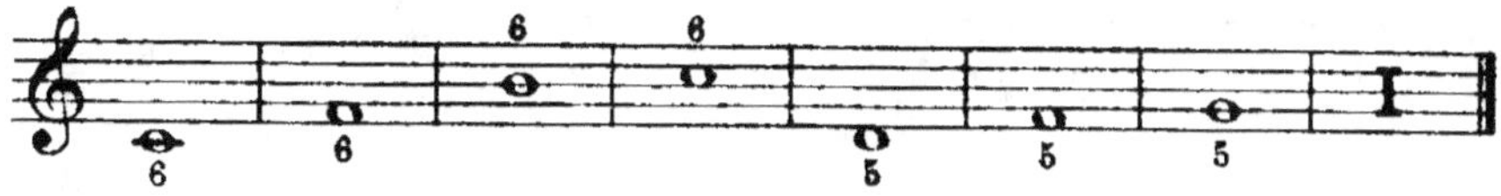

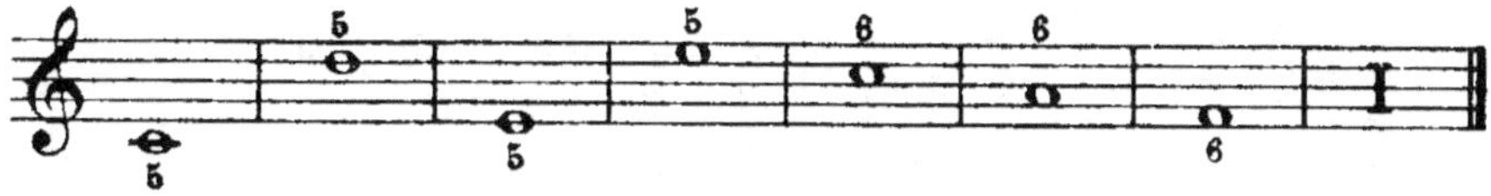

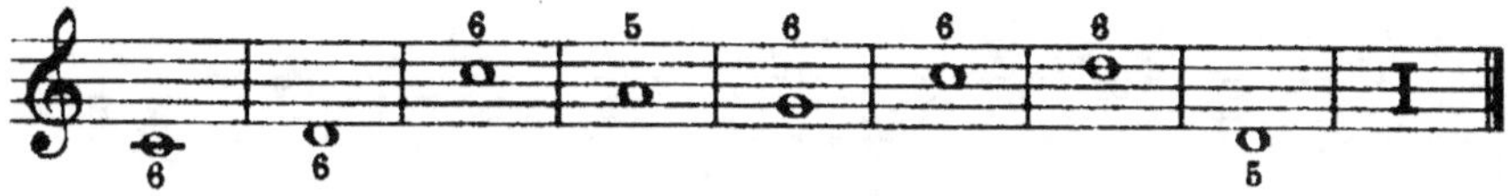

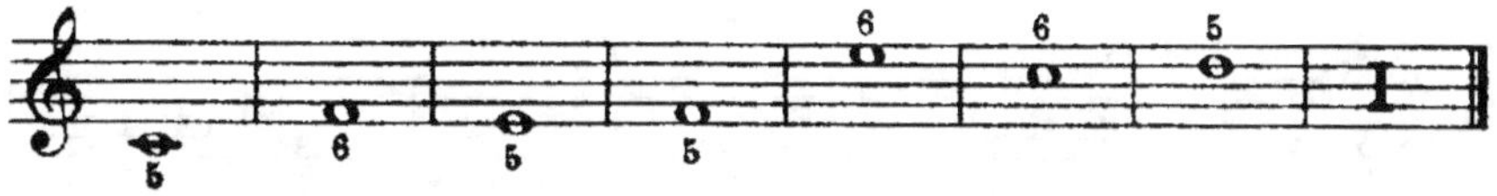

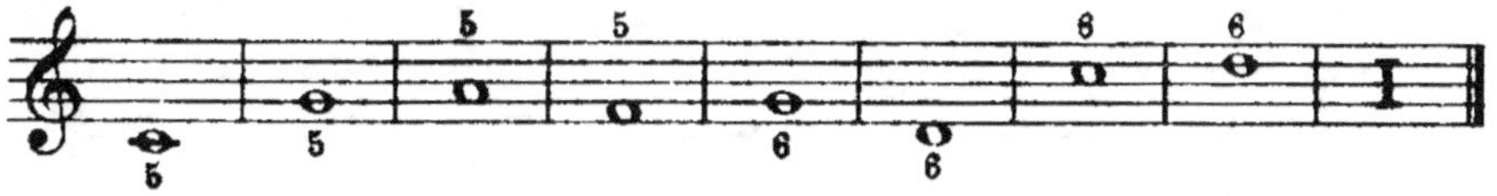

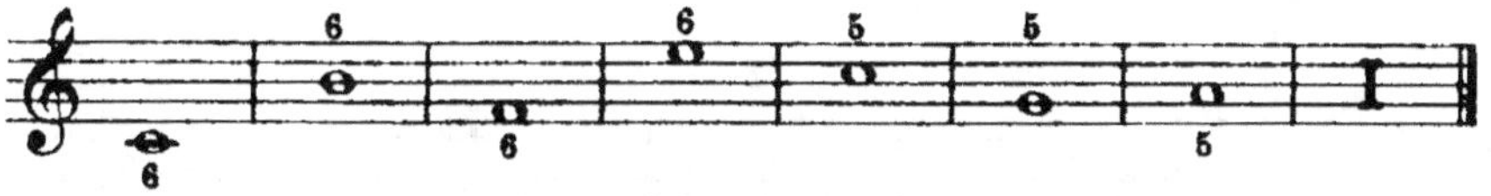

avec combinaison de tricordes, tétracordes, pentacordes et hexacordes à réaliser dans tous les tons.

Page 126

Rythme du tricorde:

Rythme du tétracorde:

Rythme du pentacorde:

Rythme de l'hexacorde:

a)

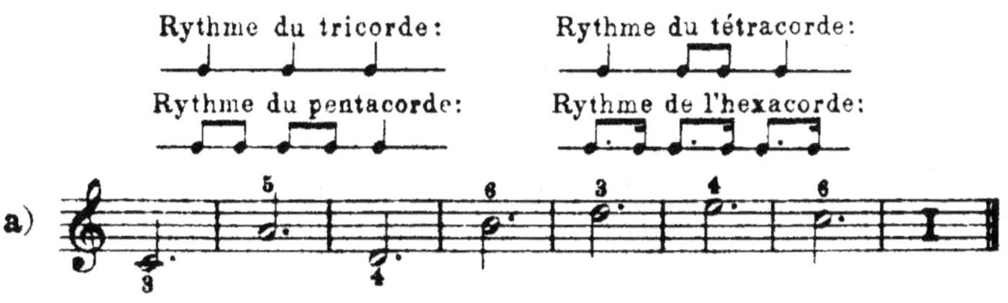

Cinquième règle d'accentuation.

Page 127

c)
d)
e)
4

Exercices d'improvisation.

Exemple de deux mesures à compléter.

Page 130

Phrases de deux mesures à compléter.

Page 132

a) 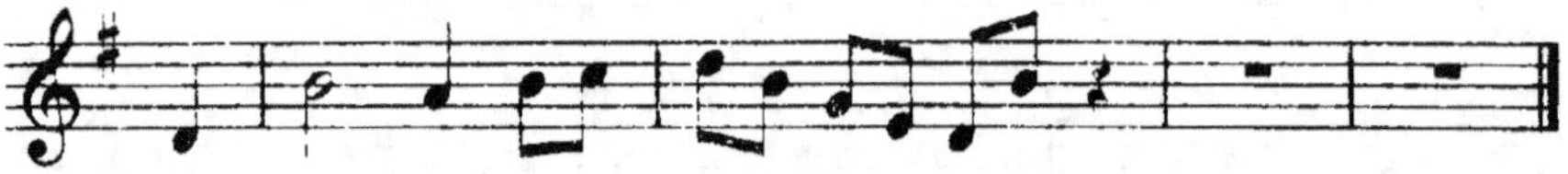

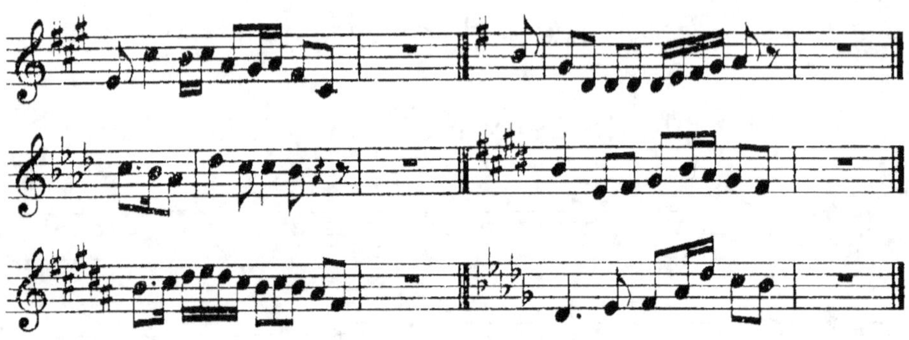

b) 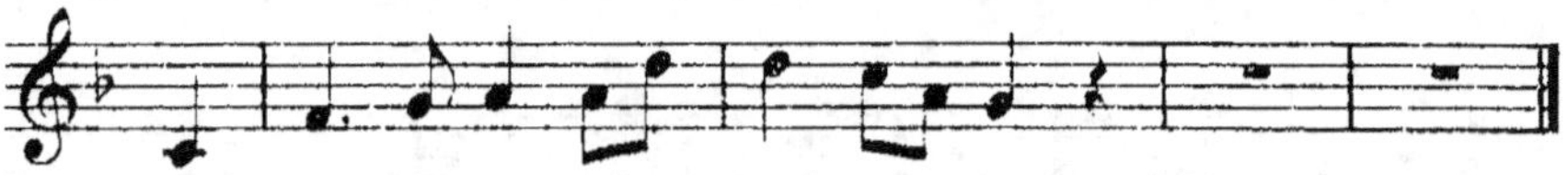

c) 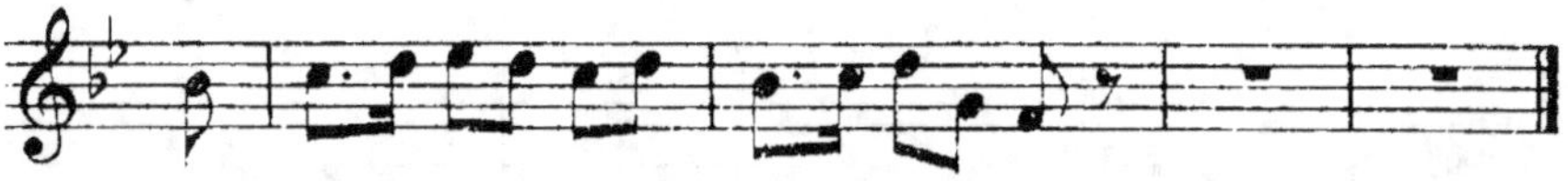

d) 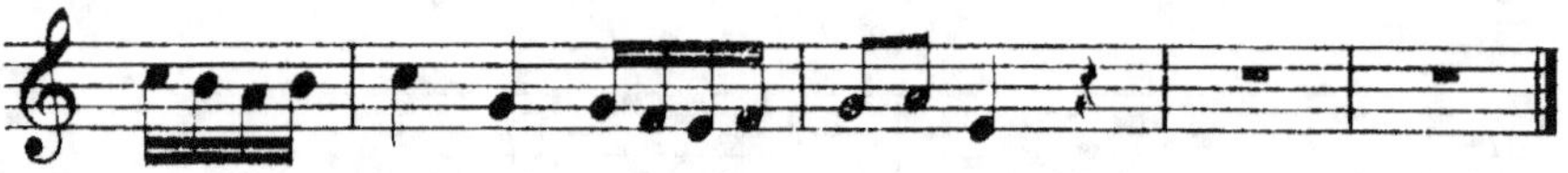

e) 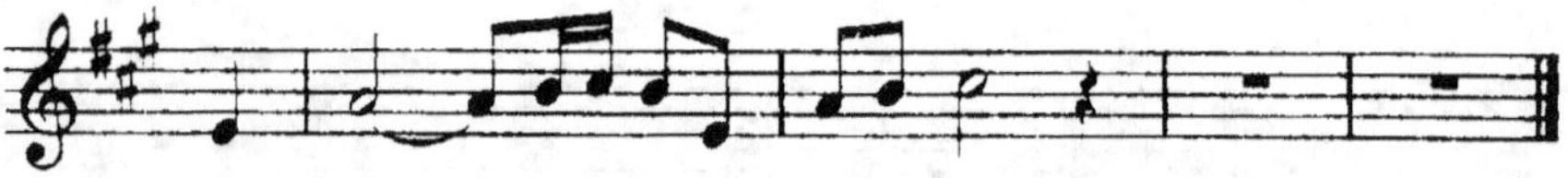

f) 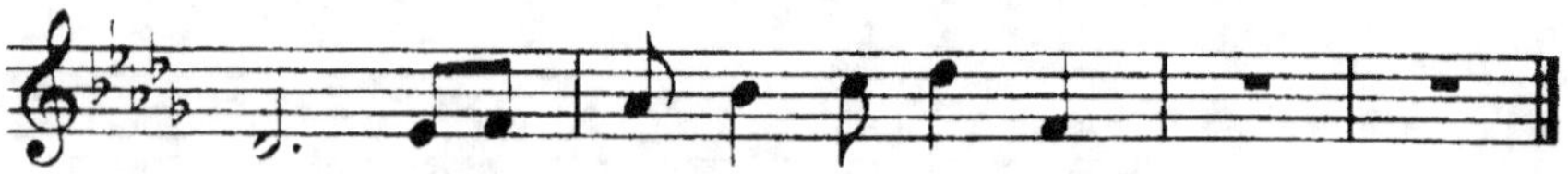

g) 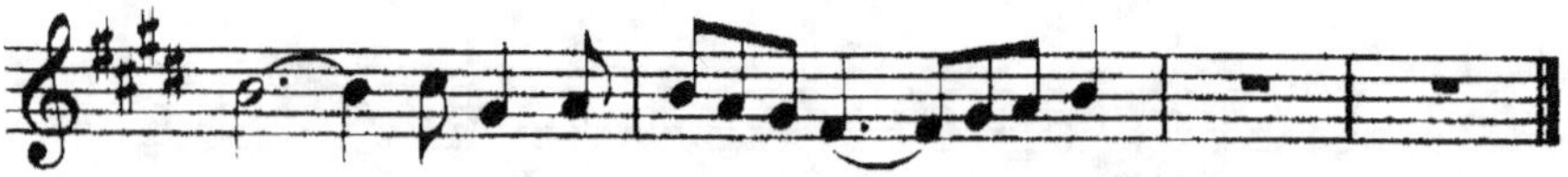

Hexacordes chromatiques.

Exemple. *Page 136*

Règle de phrasé.

Page 136

Hexacordes décomposés en tricordes et tétracordes.

Mélodies chiffrées.

Tricorde majeur inférieur et tétracorde supérieur juste.

Page 151

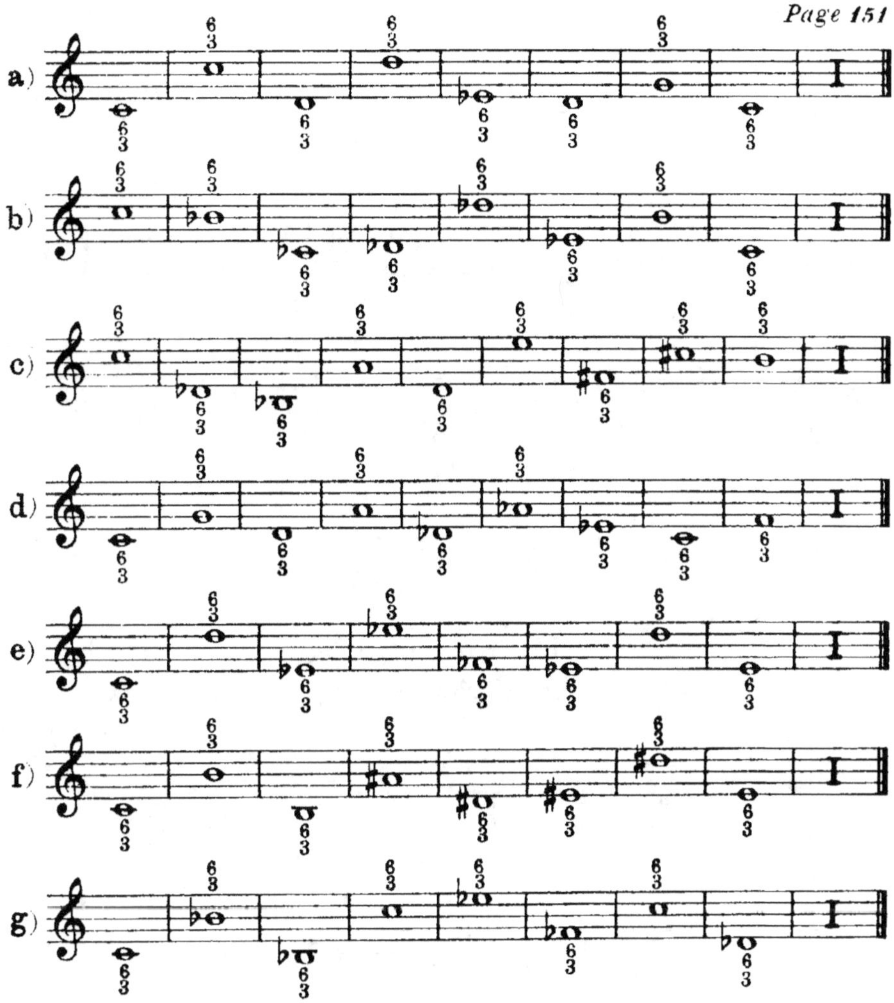

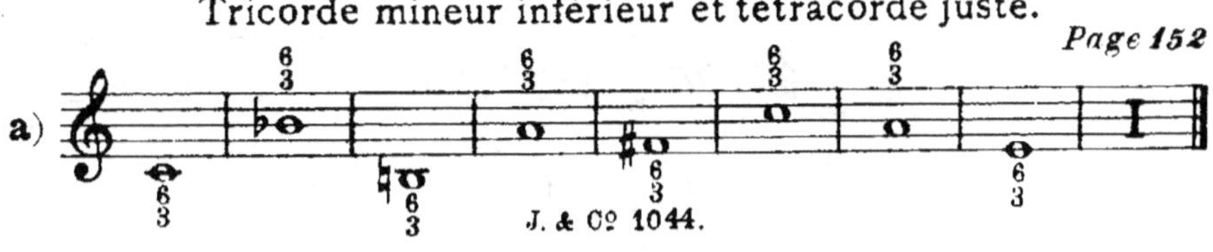

Mélodies chiffrées.

Tricorde mineur inférieur et tétracorde juste.

Page 152

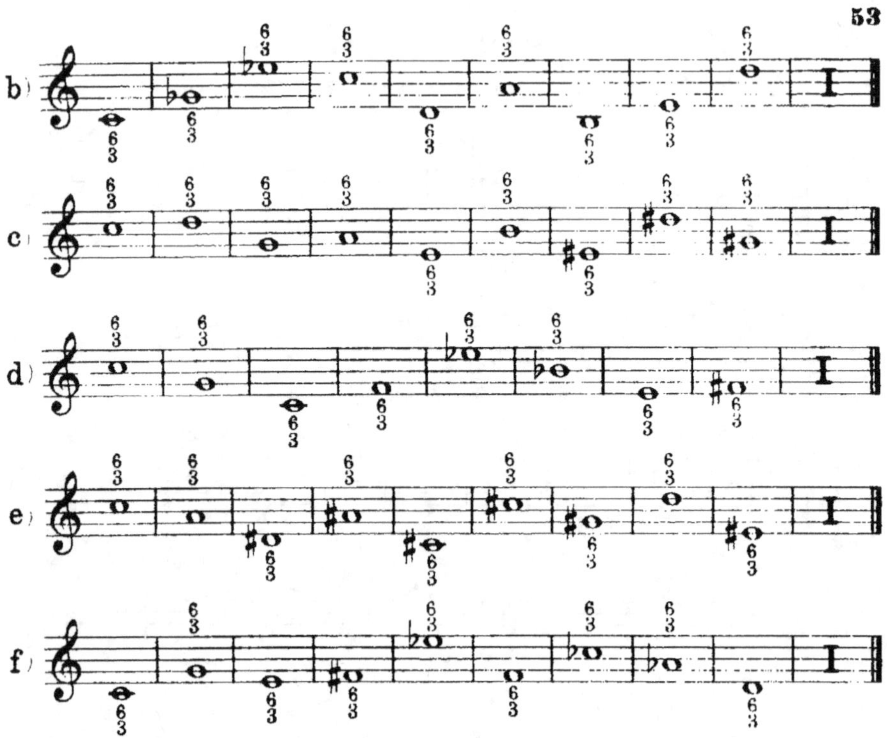

Mélodies chiffrées.

Tricorde mineur inférieur et tétracorde augmenté.

Page 153

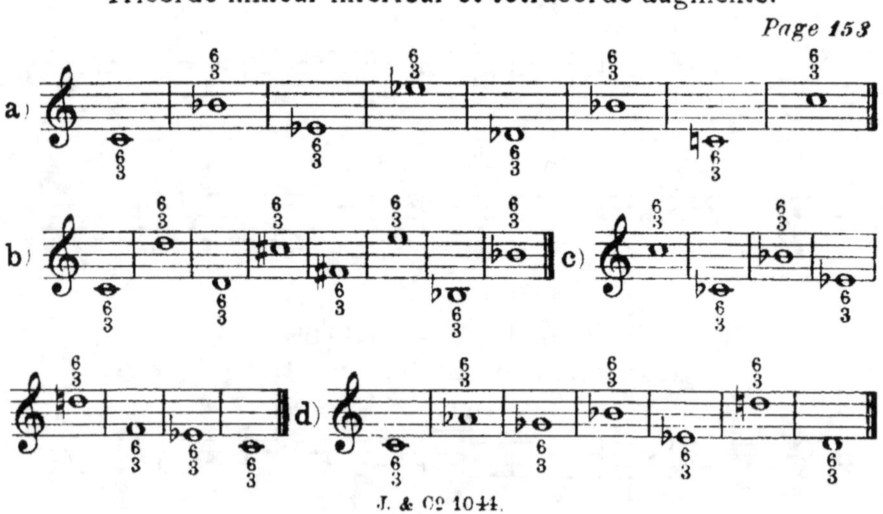

Mélodies chiffrées.

Tétracorde inférieur juste et tricorde majeur.

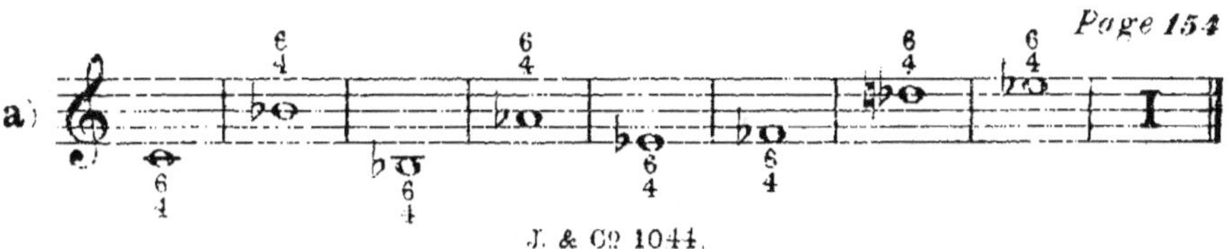

Page 154

a) 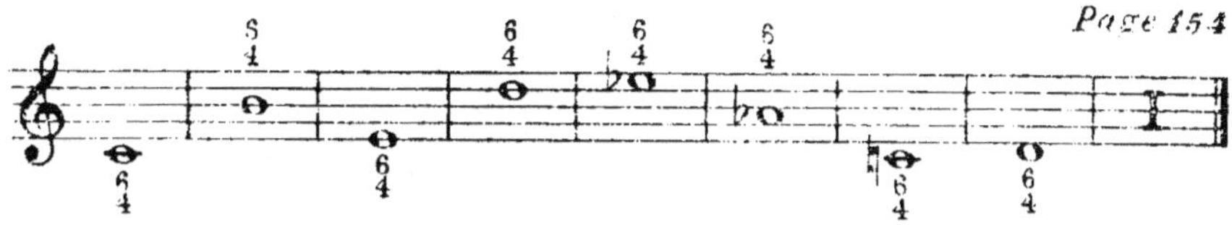

b) 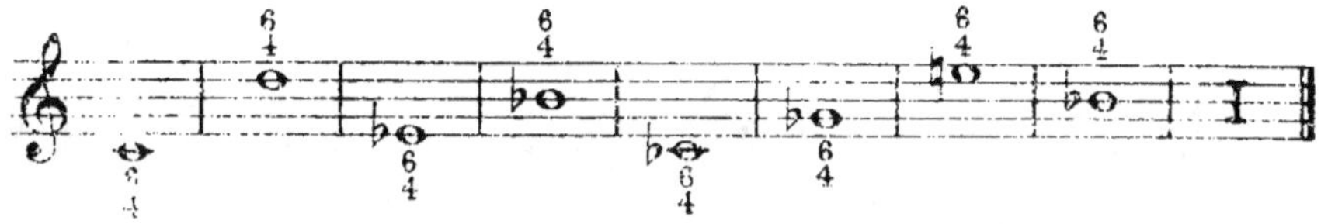

c) 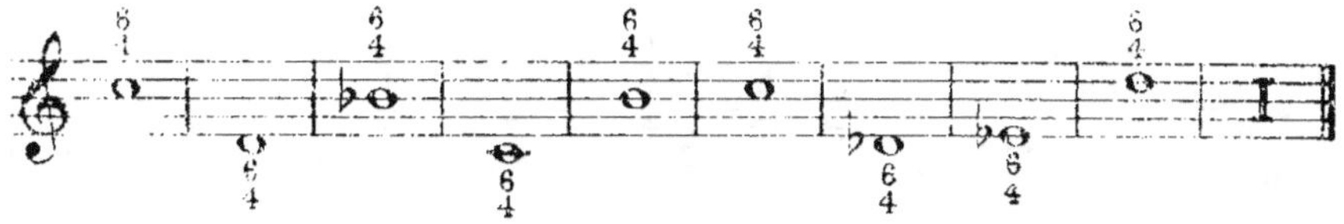

d) 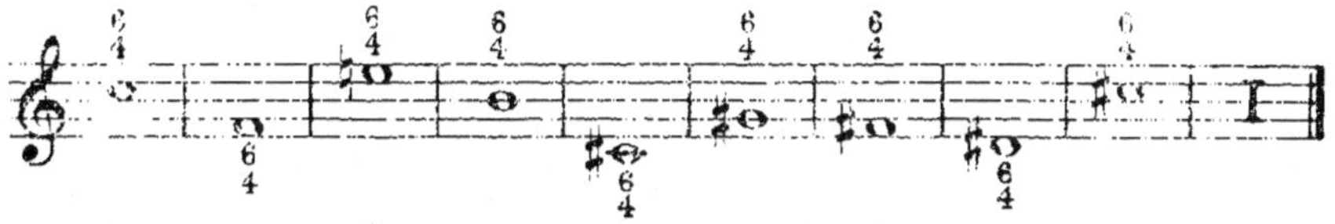

e) 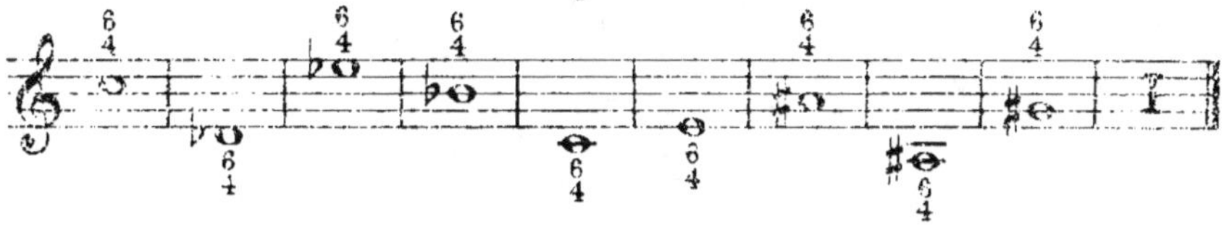

f) 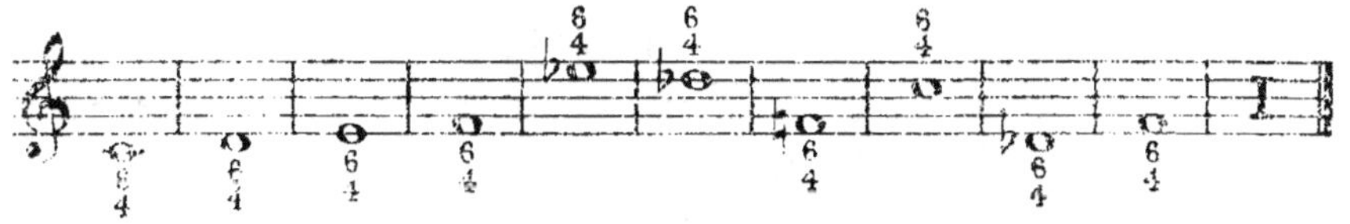

Mélodies chiffrées.

Tétracorde inférieur juste et tricorde mineur.

Page 154

a)

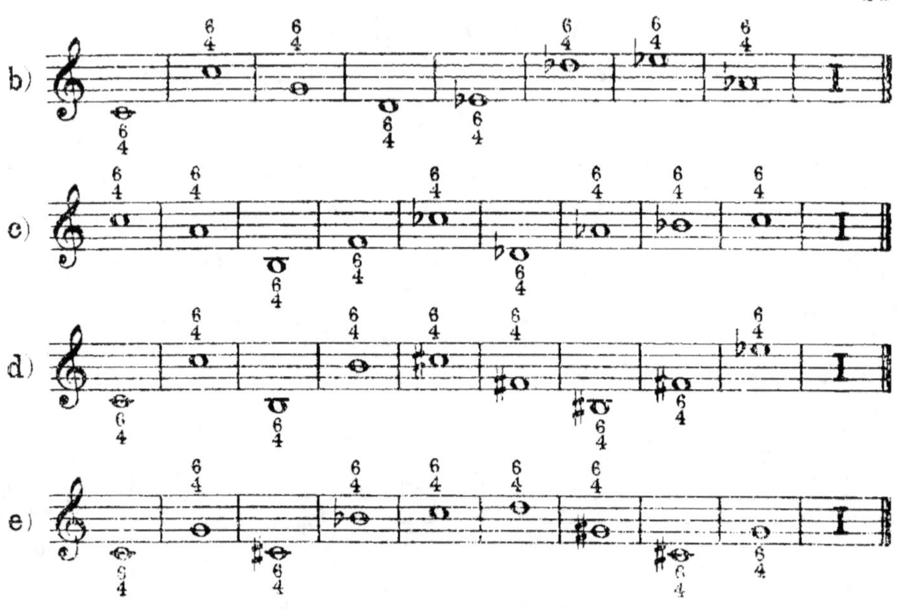

Mélodies chiffrées.

Tétracorde inférieur augmenté et tricorde mineur.

Page 155

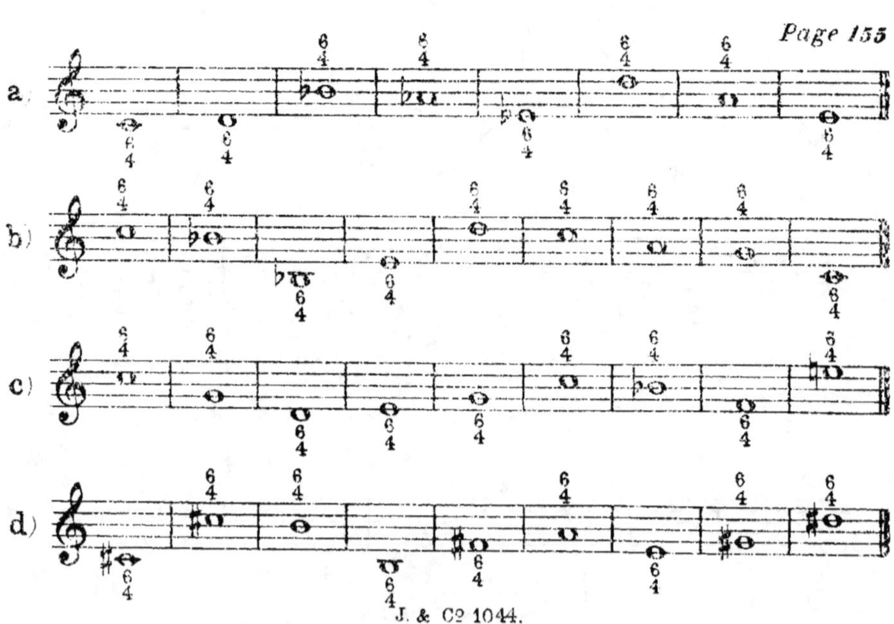

Sixième règle d'accentuation.

Page 156

Les rapports entre les notes accentuées des hexacordes $\frac{6}{3}$ et $\frac{6}{4}$ et celles du pentacorde décomposé en deux tricordes.

Page 159

a) $\overset{5}{I} - \overset{5}{I_1} - \overset{5}{IV} - \overset{5}{IV_1} - I$ **b)** $\overset{5}{I} - \overset{5}{I_1} - \overset{5}{V} - \overset{5}{V_1} - I$

c) $\overset{5}{IV} - \overset{5}{IV_1} - \overset{5}{I} - \overset{5}{I_1} - I$ **d)** $\overset{5}{V} - \overset{5}{V_1} - \overset{5}{III} - \overset{5}{III_1} - I$

e) $\overset{5}{VI} - \overset{5}{VI_1} - \overset{5}{II} - \overset{5}{II_1} - I$ **f)** $\overset{5}{V} - \overset{5}{V_1} - \overset{5}{VI} - \overset{5}{VI_1} - I$

g) $\overset{5}{III} - \overset{5}{III_1} - \overset{5}{VII} - \overset{5}{VII_1} - I$ **h)** $\overset{5}{I} - \overset{5}{VI_1} - \overset{5}{IV} - \overset{5}{II_1} - I$

i) $\overset{5}{V} - \overset{5}{III_1} - \overset{5}{III} - \overset{5}{I_1} - I$ **j)** $\overset{5}{VI} - \overset{5}{IV_1} - \overset{5}{VII} - \overset{5}{V_1} - I$

k) $\overset{5}{II} - \overset{5}{VII_1} - \overset{5}{III} - \overset{5}{I_1} - I$ **l)** $\overset{5}{I} - \overset{5}{I_2} - \overset{5}{IV} - \overset{5}{IV_2} - I$

m) $\overset{5}{V} - \overset{5}{V_2} - \overset{5}{III} - \overset{5}{III_2} - I$ **n)** $\overset{5}{II} - \overset{5}{II_2} - \overset{5}{VI} - \overset{5}{VI_2} - I$

o) $\overset{5}{IV} - \overset{5}{IV_2} - \overset{5}{VII} - \overset{5}{VII_2} - I$ **p)** $\overset{5}{I} - \overset{5}{IV_2} - \overset{5}{VI} - \overset{5}{II_2} - I$

q) $\overset{5}{V} - \overset{5}{I_2} - \overset{5}{II} - \overset{5}{V_2} - I$ **r)** $\overset{5}{III} - \overset{5}{VI_2} - \overset{5}{IV} - \overset{5}{VII_2} - I$

s) $\overset{5}{III} - \overset{5}{VII} - \overset{5}{VI_2} - \overset{5}{III_2} - I$ **t)** $\overset{5}{I} - \overset{5}{VI_2} - \overset{5}{IV} - \overset{5}{VII_1} - I$

u) $\overset{5}{IV_1} - \overset{5}{II_2} - \overset{5}{V} - \overset{5}{V_1} - \overset{5}{I_1} - \overset{5}{II_1} - I$

v) $\overset{5}{II} - \overset{5}{V_1} - \overset{5}{VI_2} - IV - \overset{5}{II_1} - \overset{5}{V} - I$

w) $\overset{5}{III} - \overset{5}{I_1} - \overset{5}{II} - \overset{5}{III_2} - \overset{5}{VI_1} - \overset{5}{VII_1} - I$

x) $\overset{5}{VI} - \overset{5}{V_1} - \overset{5}{II_2} - II - \overset{5}{II_1} - \overset{5}{V} - I$

y) $\overset{5}{I} - \overset{5}{VI_1} - \overset{5}{II} - \overset{5}{VII_1} - \overset{5}{I_1} - \overset{5}{IV_2} - \overset{5}{VII_1} - I$

z) $\overset{5}{I_1} - \overset{5}{I} - \overset{5}{IV_2} - \overset{5}{II} - \overset{5}{V_1} - \overset{5}{IV_1} - \overset{5}{V} - I$

Les heptacordes.

a) $\overset{7}{I}$ – III – IV – $\overset{7}{VII}$ – $\overset{7}{II}$ b) $\overset{7}{VII}$ – IV – $\overset{7}{V}$ – $\overset{7}{III}$ – $\overset{7}{VI}$

c) $\overset{7}{I}$ – $\overset{7}{V}$ – $\overset{7}{II}$ – $\overset{7}{IV}$ – $\overset{7}{III}$ d) $\overset{7}{VI}$ – $\overset{7}{II}$ – $\overset{7}{V}$ – $\overset{7}{III}$ – $\overset{7}{IV}$

e) $\overset{7}{V}$ – $\overset{7}{I}$ – $\overset{7}{VI}$ – $\overset{7}{II}$ – $\overset{7}{VII}$ f) $\overset{7}{II}$ – $\overset{7}{VI}$ – $\overset{7}{III}$ – $\overset{7}{I}$ – $\overset{7}{VII}$

g) $\overset{7}{VI}$ – $\overset{7}{I}$ – $\overset{7}{IV}$ – $\overset{7}{VII}$ – $\overset{7}{V}$

Mélodies chiffrées
à réaliser dans tous les tons.

Mélodies chiffrées

à réaliser avec le I puis ensuite avec le IV.

Page 172

Mélodies chiffrées

à réaliser avec les II, III, V, VI, VII.

Page 173

Mélodies chiffrées
avec combinaison d'hexacordes et d'heptacordes
à réaliser dans tous les tons.

Page 174

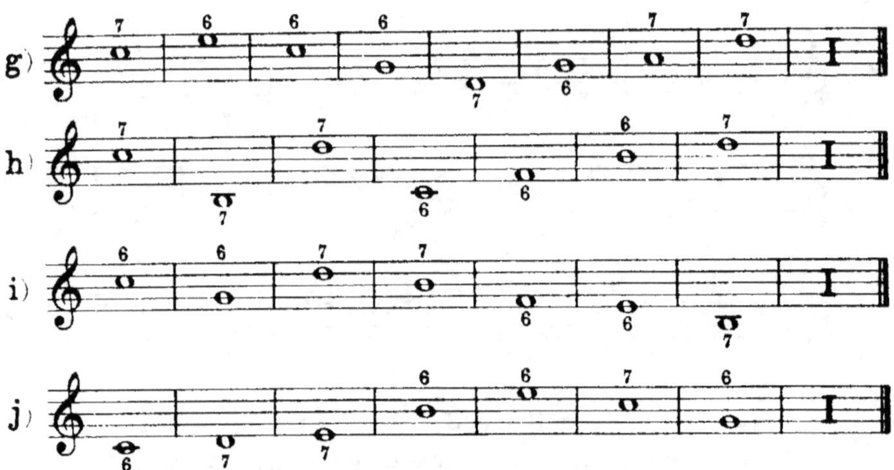

Mélodies chiffrées

avec combinaison de tricordes, tétracordes, pentacordes, hexacordes
et heptacordes, à réaliser dans tous les tons.

Page 175

J. & C⁰ 1044.

Changements de mesure
à chanter dans tous les tons.

Heptacordes chromatiques.

Exemple.

Page 180

Règle de phrasé.

Mélodies
à déchiffrer avec nuances et phrasé.

Page 182

9
10

11
12
13
J. & Cọ 1044.

14
15
16

1.
2.
22
23
J. & Cᵒ 1044.

24
25

Mélodies à compléter.

(En improvisant les mesures à vide ou encore
en comptant ces mesures.)

16
17
18
19

20
21
22
23
24

25
26
27
28
29

BIBLIOTHEQUE NATIONALE DE FRANCE
3 7531 06041206 2

www.ingramcontent.com/pod-product-compliance
Lightning Source LLC
LaVergne TN
LVHW012222170726
843503LV00005B/2217